Hi! Schön,
dich zu sehen.
Viel Spaß mit
unserem Buch über
Kylian Mbappé!
SIMON
DAN

In der Reihe „Fußball-Stars" bisher erschienen:

Alles über Mbappé
Alles über Haaland
Alles über Ronaldo
Alles über Lewandowski
Alles über Messi
Alles über Kane
Alles über Fußball
Alles über Yamal

MIX
Papier | Fördert gute Waldnutzung
FSC® C111262

Postfach 2460, 88194 Ravensburg

Übersetzung: Ulrich Thiele
Fachlektorat: Stefanie Hahn
Stand der Fachinformationen: November 2025
Titel der Originalausgabe:
Football Superstars. Mbappé Rules

ISBN 978-3-473-46349-7

ravensburger.com/service

FUßBALL-STARS

ALLES ÜBER

MBAPPÉ

VOM Fußball-Talent ZUM MEGASTAR

SIMON MUGFORD DAN GREEN

AUS DEM ENGLISCHEN VON ULRICH THIELE

Ravensburger

INHALT

1. KAPITEL

MEGA MBAPPÉ

MBAPPÉ MBAPPÉ

Kylian Mbappé gehört zu den

SPANNENDSTEN jungen Fußballern der Welt.

Der Franzose ist *extrem schnell* und hat

sogar schon die **WM** gewonnen.

Er ist ein total

GENIALER STÜRMER.

In diesem Buch geht es
NUR UM IHN!
10

ABER WARUM IST **KYLIAN** SO GENIAL?

Tempo
Er gehört zu den schnellsten Spielern der Welt.

Dribbeln
Er kommt mit dem Ball an jedem Verteidiger vorbei.

Tricks
Er ist ein Meister der Hackentricks und Übersteiger.

Instinkt
Er rast immer genau zur richtigen Zeit zum Tor.

TORE!
10
ACH JA ... KYLIAN MACHT AUCH MEGA VIELE TORE!

DAS SIND KYLIANS IRRE ZAHLEN.

7 französische Meisterschaften

4 französische Pokal-Siege

2 französische Ligapokal-Siege

256 Tore für Paris Saint-Germain

1 WM-Pokal

55 Tore für Frankreich

Ungefähr **180** **MILLIONEN EURO** Marktwert

128 **MILLIONEN** Fans auf Instagram

KYLIANS AUSWEIS

NAME:
Kylian Mbappé Lottin

SPITZNAME: *Donatello*

GEBURTSTAG:
20. Dezember 1998

GEBURTSORT:
Paris, Frankreich

GRÖSSE: *1,78 Meter*

POSITION: *Sturm*

VEREINE: *AS Monaco, Paris Saint-Germain, Real Madrid*

NATIONALMANNSCHAFT: *Frankreich*

LINKS- ODER RECHTSFUSS: *Rechtsfuß*

2. KAPITEL

GEBOREN IN BONDY

1998 war ein **GROSSES** Jahr für den französischen Fußball. Im Juli war das WM-Finale in **Paris.** Frankreich schlug **Brasilien** und war zum ersten Mal **Weltmeister!**

Und im Dezember wurde im Pariser Vorort

Bondy ein Kind geboren: Kylian Mbappé.

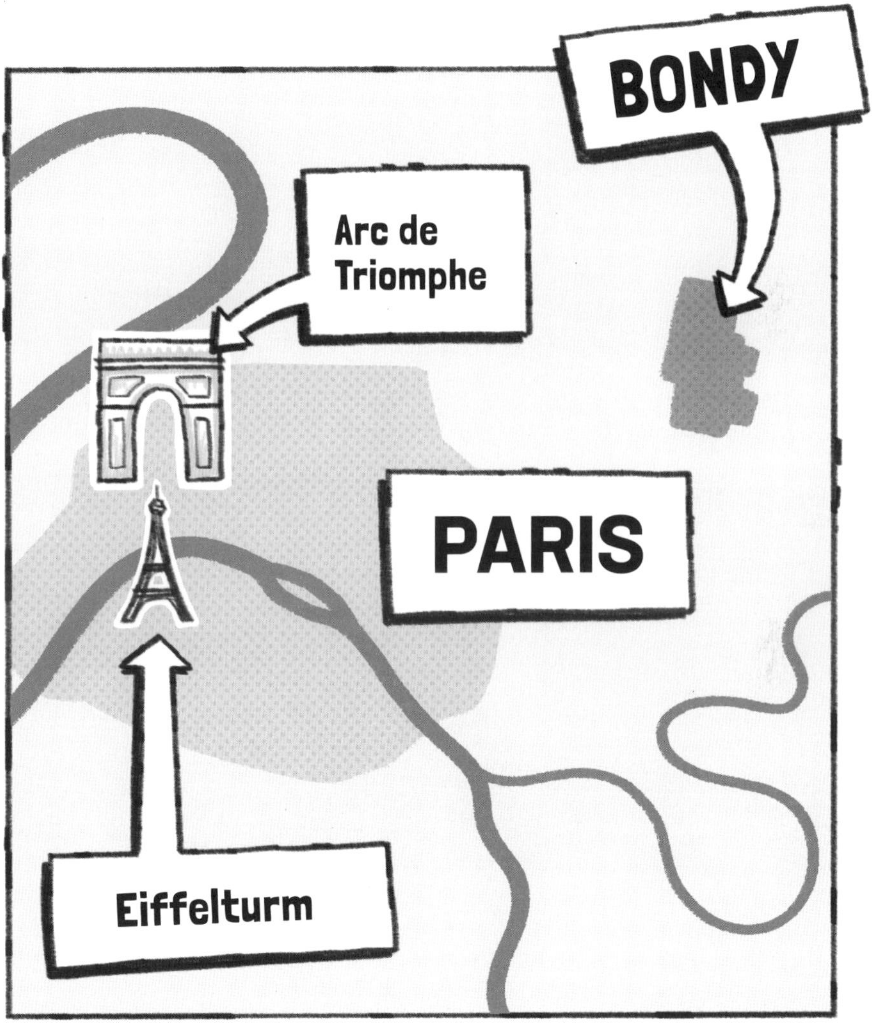

Bondy liegt nicht im **reichen, berühmten** Teil von **Paris** mit all seinen Touristen, Künstlerinnen und Museen.

Bondy ist ein hartes Pflaster.
Aber dafür stehen in Bondy
alle auf SPORT!
AS BONDY FOOTBALL

KYLIANS SPORTLICHE FAMILIE

Wilfried

Kylians Papa war Spieler und Trainer beim Verein AS Bondy.

Fayza

Seine Mama spielte in der ersten Handballliga.

Ethan

Sein jüngerer Bruder spielt im Nachwuchs von PSG.

Jirès Kembo Ekoko

Und auch sein adoptierter Bruder war Fußballprofi!

„ER WAR DER BESTE JUNGE, DEN ICH JE TRAINIERT HABE. UND DABEI WIRD ES WAHRSCHEINLICH BLEIBEN.“
Antonio Riccardi, Trainer beim AS Bondy

3. KAPITEL

IN DER FUSSBALL-SCHULE

JETZT SPIELEN WIR MIT VIER MANN
IM MITTELFELD UND ZWEI VORNE.

Kylian **LIEBTE** Fußball, seit er **zum ersten Mal** gegen einen Ball getreten hatte. Sein Papa war Spieler und Trainer beim **AS Bondy.** Deshalb saß Kylian immer mit in der Kabine und hörte genau zu.

Kylian spielte in der G-Jugend des AS Bondy. **Er konnte einfach alles:** dribbeln, passen und Tore schießen. Er war ganz klar der ***BESTE SPIELER*** der Mannschaft.

DIE TRAINER KONNTEN KAUM GLAUBEN, WIE GUT ER WAR!
Mit **acht** spielte Kylian schon bei den Zehnjährigen!

Kylian verehrte Spieler wie **Thierry Henry** und **Lionel Messi.** Sein größtes Vorbild war aber ...

Kylian wollte sein wie er. Darum trainierte

er Ronaldos **TRICKS, SPRINTS** und

TORSCHÜSSE!

Mit 13 bekam Kylian einen Platz in der berühmten Fußballschule **Clairefontaine.** Dort hatten Spieler wie **Nicolas Anelka** und **Olivier Giroud** trainiert. Und auch einer von Kylians Helden: **Thierry Henry.**

ANELKA
GIROUD
HENRY
Simon
Ja, echt vornehm ... (hihihi)!

Kylian trainierte unter der Woche auf den edlen Plätzen von **Clairefontaine.** Doch am Wochenende zockte er zu Hause mit seinen Freunden aus **Bondy!**

Bald hatte Kylian eigene **Fans. Trainer** und **Manager großer Vereine** kamen, um ihn spielen zu sehen.

Einige der **GRÖSSTEN VEREINE** Europas wollten ihn haben.

Er war sogar bei einem Training vom **FC Chelsea.** Dann sagte er aber:

Das Gleiche sagte er sogar zu **REAL MADRID**,

dem Verein seines Helden

RONALDO!

„ER KANN SO GROSS WERDEN WIE PELÉ, MARADONA UND MESSI."
Gianluigi Buffon, italienische Torhüter-Legende und Kylians ehemaliger Mitspieler bei PSG

4. KAPITEL

DER MAGIER VON MONACO

Kylian wollte **auf keinen Fall** zu weit weg von seiner **Familie** leben. Deshalb wechselte er im **JULI 2013** nach **Monaco.**

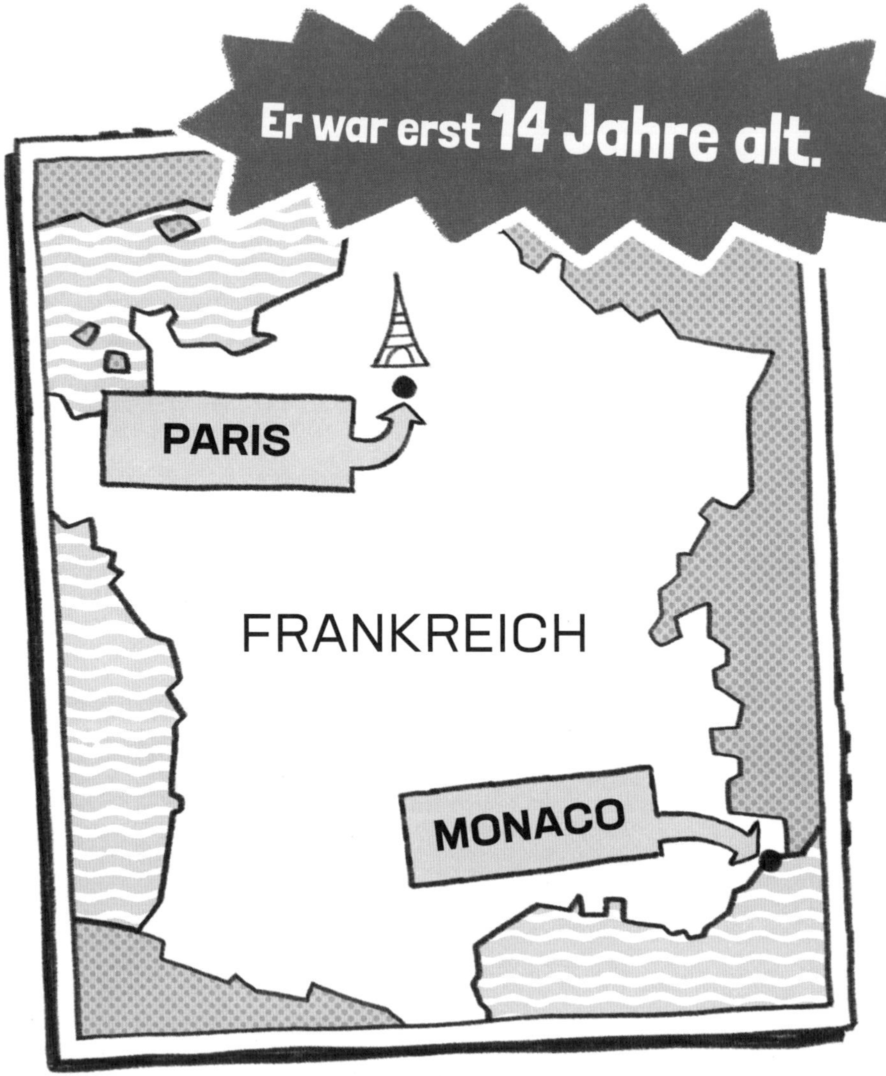

Der **AS Monaco** hat eine große Geschichte. Französische WM-Sieger wie **Emmanuel Petit** und Kylians Held **Thierry Henry** kamen aus dem Nachwuchs von Monaco.

KONNTE KYLIAN IN IHRE FUSSSTAPFEN TRETEN?

Kylian hatte im Dezember 2015 seinen ersten Einsatz in der **Ligue 1,** Frankreichs erster Liga. Können wie **Fabinho** und **Bernardo Silva** spielten in seiner Mannschaft.

Zwei Monate später schoss Kylian sein **erstes Tor** für Monaco. Gegen **Troyes** in der **93. Minute!**

OOOOR!
KYLIAN WAR ANGEKOMMEN.

MBAPPÉ GEGEN HENRY

MBAPPÉ

ERSTES SPIEL MIT: **16 Jahren, 347 Tagen**

ERSTES TOR MIT: **17 Jahren, 62 Tagen**

SPIELE: **60**

TORE: **27**

Wie schlägt **Kylian** sich gegen den früheren jungen Star vom AS Monaco – gegen den großen **Thierry Henry?**

HENRY

ERSTES SPIEL MIT: **17 Jahren, 14 Tagen**

ERSTES TOR MIT: **17 Jahren, 224 Tagen**

SPIELE: **141**

TORE: **28**

MONACO: DIE HÖHEPUNKTE

DIE BESTEN SPIELE AUS KYLIANS ZEIT BEIM AS MONACO

14. DEZEMBER 2016

LIGAPOKAL, ACHTELFINALE

Monaco – Rennes 7:0

Ein Monstersieg gegen Rennes! Kylian schoss drei Tore – sein erster Hattrick für Monaco.

11. FEBRUAR 2017

LIGUE 1

Monaco – Metz 5:0

Und noch ein Hattrick! Kylian versenkte in den nächsten vier Spielen acht weitere Bälle.

19. APRIL 2017

VIERTELFINALE DER CHAMPIONS LEAGUE, RÜCKSPIEL

Monaco – Borussia Dortmund 3:1

Kylian schoss in diesem Spiel schon sein fünftes Tor in dieser Champions-League-Spielzeit!

DER MAN-CITY-MOMENT

15. MÄRZ 2017

ACHTELFINALE DER CHAMPIONS LEAGUE, RÜCKSPIEL

Monaco – Manchester City 3:1 (insg. 6:6)

Kylian hatte im Hinspiel **seinen ersten Treffer in der Champions League** gemacht … und trotzdem hatte **MONACO 5 : 3** verloren. Sie hatten viele Tore aufzuholen!

In der 8. Minute spielte Bernardo Silva quer und ***BOING!*** Kylian tunnelte eiskalt den Torhüter.

Das sind Kylians Zahlen von **2016/17,** seiner ersten ganzen Spielzeit beim **AS Monaco.**

ALLE WETTBEWERBE ZUSAMMEN

SPIELE	VORLAGEN	TORE
44	14	26

5. KAPITEL

HEIMKEHR DES HELDEN

Kylian spielte **so gut** bei **Monaco,** dass er zum **Star** wurde. Die größten Vereine Europas waren hinter ihm her.

Diesmal sagte er **„NEIN, DANKE!"** zu **Manchester City.** Und zu **Real Madrid** – zum ZWEITEN MAL!

Kylian kam aus **Paris.** Und so wurde es

PARIS SAINT-GERMAIN

Kurz: **PSG!**

PSG lieh ihn im **August 2017** von Monaco aus.

FÜR **REAL MADRID** SPIELTEN:

Karim **B**enzema, Gareth **B**ale und **C**ristiano Ronaldo: **BBC**

FÜR **BARCELONA** SPIELTEN FRÜHER:

Lionel **M**essi, Luis **S**uárez und **N**eymar: **MSN**

PSG HATTE SCHON NEYMAR AUS BARCELONA GEHOLT. JETZT SPIELTEN ALSO FÜR PARIS:

Kylian **M**bappé, Edinson **C**avani und **N**eymar:

ERSTES SPIEL, ERSTES TOR

8. SEPTEMBER 2017

FC Metz - Paris Saint-Germain 1:5

Kylians **erstes Spiel** für PSG: In der **59. Minute** klärte ein Abwehrspieler von Metz den Ball direkt zu Kylian und ...

Der Ball **KNALLTE** ins Netz.

2017/18: DIE HÖHEPUNKTE

12. SEPTEMBER 2017

CHAMPIONS LEAGUE, GRUPPENPHASE

Celtic – PSG 0:5

Kylian schoss sein erstes Tor in der Champions League für PSG.

5. DEZEMBER 2017

CHAMPIONS LEAGUE, GRUPPENPHASE

FC Bayern München – PSG 3:1

PSG verlor zwar das Spiel, doch Kylian erzielte seinen ZEHNTEN Treffer in der Champions League.

Kylian wurde so der jüngste Spieler mit zehn Toren in der Champions League!

18. APRIL 2018

FRANZÖSISCHER POKAL, HALBFINALE

Caen – PSG 1:3

Kylian schoss seinen Verein mit zwei Toren ins Pokalfinale. Am Ende holte PSG den Pokal!

Arme gekreuzt
Knie auf dem Boden

So viele **Tore!** Und jedes Mal konnte Kylian seinen liebsten **Torjubel** vorführen.

Den hatte er sich von seinem **Bruder Ethan abgeschaut.** Ethan feierte seine Tore immer genauso ... ***BEIM FIFA-ZOCKEN!***

ERSTER TITEL MIT PSG

31. MÄRZ 2018

FINALE IM LIGAPOKAL

STADION VON BORDEAUX

PSG - MONACO 3:0

Kylian gewann seinen ersten Titel mit **PSG**, den **FRANZÖSISCHEN LIGAPOKAL ...**

ausgerechnet gegen seinen alten Verein! Er traf nicht, gab aber **zwei Vorlagen** und holte einen Elfer heraus.

KYLIAN WURDE ZUM SPIELER DES SPIELS!

TRIPLE-ZEIT

PSG wurde **fünf** Spiele vor Ende der Spielzeit Meister – durch einen **7:1-SIEG** über **MONACO!** Am Schluss hatte PSG **13 Punkte** Vorsprung vor Monaco.

Kylian und seine Mannschaft holten sich zum Schluss der Spielzeit auch noch den **FRANZÖSISCHEN POKAL.** Im Finale schlugen sie **LES HERBIERS** mit **2:0.**

Insgesamt gewann PSG in Kylians erstem Jahr ***DREI*** Titel. Diesen Triple-Erfolg konnte er mit PSG 2020 sogar wiederholen. Unglaublich!

2017/18

Kylians erste Spielzeit bei **PSG** war der ***HAMMER.***

SPIELE	VORLAGEN	TORE
46	17	21

6. KAPITEL

JUNGER SUPER-STAR

Kylian wechselte ganz zu

Dafür zahlte der Verein ungefähr

180 MILLIONEN EURO.

Damit war Kylian weltweit der ***TEUERSTE FUSSBALLER UNTER 20.***

In Bondy feierte man Kylians Wechsel zu PSG mit einem riesigen Gemälde.

BONDY
VILLE DES POSSIBLES
Simon! Kannst du bitte mal die Leiter halten?!

Kylian kam 2018 auf die Titelseite der amerikanischen Zeitschrift **TIME.** Dort wurde er „die Zukunft des Fußballs“ genannt.

Außer Kylian haben es nur vier Fußballer auf die Titelseite von ***TIME*** geschafft: **Lionel Messi, Neymar, Mario Balotelli** und **Marcus Rashford.**

„O MANN, IST DER GUT. OH, LÀ, LÀ!"
Thierry Henry

7. KAPITEL

WELT-KLASSE

2016 spielte Kylian sein erstes großes Turnier für **Frankreich:** die **EM der Unter-19-Jährigen.**

Er traf gegen **Kroatien** und die **Niederlande.** Im Halbfinale gegen Portugal schaffte er sogar **zwei Tore** und gab eine Vorlage. So kam Frankreich ins Endspiel!

Frankreich gewann das **Finale gegen Italien** mit **4 : 0** und Kylian war

2017 hatte Frankreich ein Spiel in der **WM**-Qualifikation. Dafür wurde Kylian zur A-Nationalmannschaft eingeladen – mit nur **18 Jahren!**

Sein erstes Spiel für Frankreich war gegen **Luxemburg.** Sein erstes Tor schoss er gegen die **Niederlande.**

Frankreich wurde Gruppensieger. Weiter ging es zur

WELTMEISTERSCHAFT!

WM 2018

21. JUNI 2018

WM, GRUPPE C

Frankreich – Peru 1:0

In seinem **zweiten Spiel** des Turniers traf **Frankreich** auf **Peru.** Kylian erwischte in der **34. Minute** einen abgeblockten Schuss von **Olivier Giroud** und …

BOING

… der Ball zappelte im Netz!

KYLIAN FEIERTE MIT SEINEM LIEBSTEN TORJUBEL!
Er war damals Frankreichs jüngster WM-Torschütze überhaupt.
Er war erst 19 Jahre und 183 Tage alt!
FUSSBALL FÜR KÖNNER

30. JUNI 2018

WM-ACHTELFINALE

Frankreich - Argentinien 4:3

Frankreich musste **im Achtelfinale** gegen **Argentinien** mit Lionel Messi antreten. Kylian holte einen Elfmeter heraus, den **Antoine Griezmann** versenkte. Doch kurz nach der Pause lag Frankreich plötzlich **1 : 2** zurück!

Benjamin Pavard glich aus. Dann war Kylian dran. Er landete nicht nur einen, sondern **ZWEI** super Treffer!

Argentinien konnte ein Tor aufholen, doch Frankreich kam weiter. Und Kylian war ein

WM-FINALE

15. JULI 2018

WM-FINALE

Frankreich - Kroatien 4:2

Im **Finale** ging es **drunter und drüber.** Es gab ein ***GEWITTER,*** einen unklaren ***ELFMETER,*** ein ***EIGENTOR*** und einen ***FEHLER VOM TORWART.*** Doch für Kylian war etwas anderes wichtiger: sein Tor im

WM-FINALE!

FRANKREICH GEWANN die WM.

Zum ersten Mal seit **1998,** als Kylian geboren wurde. Und Kylian war mit nur **19** Jahren

MBAPPÉ GEGEN PELÉ

Kylian traf **VIERMAL** bei der **WM 2018** und wurde zum **besten jungen Spieler des Turniers.** Seitdem vergleicht man ihn mit ***PELÉ,*** dem vielleicht besten Spieler aller Zeiten.

Kylian war der **jüngste WM-Torschütze** Frankreichs und der jüngste Torschütze in einem WM-Finale seit **Pelés** Treffer **1958.**

Didier Deschamps, Trainer von Frankreich

8. KAPITEL

REKORD-JUNGE

Kylian bekam zum **Start der Spielzeit 2018/19** eine neue Rückennummer bei PSG.

Er trug nun die **NUMMER 7,** genau wie sein Held **Cristiano Ronaldo.**

Im ersten Spiel der Liga machte Kylian gleich ***ZWEI TREFFER.*** PSG gewann **3:1** gegen **Guingamp.**

Im nächsten Spiel trafen **Kylian, Cavani** und **Neymar** je einmal. PSG gewann **3 : 1** gegen **Angers.**

LIGUE 1 2018/19
DIE HÖHEPUNKTE

7. OKTOBER 2018

PSG – Lyon 5:0

Kylian holte einen Elfmeter heraus, den Neymar verwandelte. Und dann traf Kylian noch ***VIERMAL!***

19. JANUAR 2019

PSG – Guingamp 9:0

*Kylian und Cavani gelang jeweils ein **Hattrick.** Neymar traf „nur“ zweimal.*

21. APRIL 2019

PSG – Monaco 3:1

*Kylian machte seinen dritten Hattrick der Spielzeit gegen seinen **alten Verein.***

PSG war erneut Meister!

Und 2020, 2022 und 2023 wieder!

ZAUBER-TOR

1. SEPTEMBER 2018

Nîmes - PSG 2:4

Es war Kylians vielleicht **schönstes Tor des Jahres:** Er erwischte einen *laaaaangen* Ball von **Presnel Kimpembe** und ...

BUMMMMM

... hämmerte ihn unter die Latte!

BUMM!
Leider bekam er in diesem Spiel auch seine erste Rote Karte.

KÖNIG DER TORSCHÜTZEN

Kylian war 2019 **bester Torschütze** der **Ligue 1** – mit ***33 TREFFERN.*** In ganz Europa schoss nur **Lionel Messi** mehr Tore in seiner Liga. Auch 2020, 2021, 2022, 2023 und 2024 schoss Mbappé die meisten Tore der Liga!

Kylian wurde
SPIELER DES JAHRES DER LIGUE 1
IN DEN JAHREN 2019, 2021, 2022, 2023 UND 2024
und
BESTER JUNGER SPIELER 2018/19.

„KYLIAN HAT VIEL MEHR TALENT ALS ICH. SEHT IHR, WAS ER IN SEINEM ALTER KANN? NEIN, SO VIEL TALENT HATTE ICH NIE."
Paul Pogba

9. KAPITEL

BESTER SPIELER ALLER ZEITEN?

100 TORE

Im **Juni 2019** traf Kylian wieder für **Frankreich,** und zwar gegen **Andorra** in der Qualifikation zur **EM 2020.**

ES WAR SEIN
100. TOR
ALS FUSSBALLPROFI!
TOR!
Da war er 20 Jahre und 5 Monate alt.
FUSSBALL FÜR KÖNNER

WER SCHAFFTE AM SCHNELLSTEN 100 TORE?

NEYMAR

20 JAHRE UND 1 MONAT

173 SPIELE

MBAPPÉ

20 JAHRE UND 5 MONATE

180 SPIELE

HAALAND
20 JAHRE UND 7 MONATE
146 SPIELE
RONALDO
22 JAHRE UND 11 MONATE
298 SPIELE
ICH KANN'S NOCH SCHNELLER!
TIM TAUSENDFUSS
STÜRMER BEIM
FC KRABBELSTADT

 MBAPPÉ GEGEN  NEYMAR GEGEN  MESSI GEGEN  HAALAND

WER IST AM WICHTIGSTEN FÜR SEINEN VEREIN?

2020/2021	SPIELE	TORE	VORLAGEN
MBAPPÉ	47	42	11
NEYMAR	31	17	11
HAALAND	41	41	12
MESSI	47	38	14

2021/2022	SPIELE	TORE	VORLAGEN
MBAPPÉ	46	39	26
NEYMAR	28	13	8
HAALAND	30	29	8
MESSI	34	11	15

2022/2023	SPIELE	TORE	VORLAGEN
MBAPPÉ	43	41	10
NEYMAR	29	18	17
HAALAND	53	52	9
MESSI	50	32	23

„CRISTIANO HAT IN MADRID NUR ANS TORESCHIESSEN GEDACHT. WENN KYLIAN DAS AUCH MACHT, DANN WIRD IHM AUCH DAS GLEICHE GELINGEN WIE CRISTIANO: 50 TORE PRO SPIELZEIT."

Antoine Griezmann

10. KAPITEL

CHAMPIONS LEAGUE

HATTRICK-HELD

22. OKTOBER 2019

CHAMPIONS LEAGUE, GRUPPENPHASE

FC BRÜGGE – PSG 0:5

Kylian spielte wegen einer **Verletzung** nicht von Beginn an. Er kam in der **52. Minute** von der **Bank** …

… versenkte einen **Kopfball** …

… legte einen Treffer von **Mauro Icardi** vor …

In **gut 20 Minuten**

machte er seinen ersten

HATTRICK in der

CHAMPIONS LEAGUE!

CHAMPIONS-LEAGUE-TORE BIS ZUM ALTER VON 20 JAHREN

	**KYLIAN MBAPPÉ**	***19 Tore***
	**KARIM BENZEMA**	***12 Tore***

	PATRICK KLUIVERT	*9 Tore*
	RAÚL	*8 Tore*
	OBAFEMI MARTINS	*8 Tore*
	LIONEL MESSI	*8 Tore*
	JAVIER SAVIOLA	*8 Tore*
	THIERRY HENRY	*7 Tore*

Damals war **Zinédine Zidane** Trainer von

REAL MADRID.

SUPER

ZIDANE HÄTTE IHN BESTIMMT GERN ZU REAL GEHOLT!

Er sagte im November 2019 über Kylian:

11. KAPITEL

KÖNIG KYLIAN

Kylian war **2019** auf **Platz 55** der weltweit **bestbezahlten Sportler.**

Er verdiente ungefähr

30,5 MILLIONEN EURO.

Kylian spendete sein **GANZES PREISGELD** aus dem **WM-Sieg** für einen guten Zweck.

Er spendet auch das Geld, das er für Länderspiele bekommt.

DANKE, KYLIAN!

Kylian ist der **SCHNELLSTE** Fußballer der Welt.

In einem Spiel gegen **Monaco** im April 2019 stellte

er seinen Rekord auf: **38 km/h.**

Das ist extrem schnell! Und trotzdem etwas langsamer als **USAIN BOLT,** der schnellste Mann der Welt. Der schafft bis zu **44,46 km/h.**

ÜBERSTEIGER-STAR

Von seinem **Helden Ronaldo** hat Kylian sich **Tricks** wie den Übersteiger abgeguckt. Der Gegner soll glauben, Kylian würde **dahin** laufen … und plötzlich läuft er ***dorthin!***

2
DANN GENAUSO DEN ANDEREN FUSS,
ABER MIT TEMPO!

3
!
UND VORBEI AM
ABWEHRSPIELER.
TSCHÜSSI!

KYLIANS GRÖSSTE ERFOLGE

Kylian ist noch so **jung** und hat trotzdem schon **massig** Titel gewonnen.

FRANZ. MEISTER
2016/17 (MONACO)
2017/18, 2018/19,
2019/20, 2021/22,
2022/23, 2023/24
(PSG)

BESTER TORSCHÜTZE LIGUE 1
2018/19, 2020/21,
2021/22, 2022/23,
2023/24

FRANZ. FUSSBALLPOKAL
2017/18, 2019/20,
2020/21, 2023/24

FRANZ. LIGAPOKAL
2017/18,
2019/20

FRANZ. FUSSBALL-SUPERCUP
2019/20,
2020/21,
2023/24

WM-SIEGER
2018

EM-SIEGER U19
2016

SPIELER DES JAHRES LIGUE 1
2018/19, 2020/21, 2021/22, 2022/23, 2023/24

FIFA INTERKONTINENTAL-POKAL-SIEGER
2024

BESTER JUNGER SPIELER LIGUE 1
2016/17,
2017/18,
2018/19

GOLDEN BOY
2017

WM-DREAM-TEAM
2018,
2022

FRANKREICHS FUSSBALLER DES JAHRES
2018, 2019, 2023, 2024

UEFA-MANNSCHAFT DES JAHRES
2018

KYLIAN-QUIZ

Was weißt du über KYLIAN MBAPPÉ?
Mit diesem Quiz findest du es heraus – und kannst deine Freunde abfragen!

1. Für welchen Verein spielte Kylian als Kind?

---

2. Wie viele Tore schoss Kylian 2016/17 für Monaco?

---

3. Welche amerikanische Zeitschrift nannte Kylian „die Zukunft des Fußballs"?

---

4. Gegen welche Mannschaft machte Kylian sein erstes Champions-League-Tor für PSG?

---

5. Wofür steht MCN?

----

6. In welcher Spielzeit holte Kylian mit PSG zum ersten Mal das französische Titel-Triple?

----

7. Wie viele Tore schoss Kylian bei der WM 2018 gegen Argentinien?

----

8. Kylian ist der zweitjüngste Torschütze in einem WM-Finale. Wer ist der jüngste?

----

9. Welche Rückennummer trug Kylian seit der Spielzeit 2018/19 bei PSG?

----

10. Wie viele Tore schoss Kylian in der Champions League, bis er 20 Jahre alt war?

ANTWORTEN

1. AS Bondy
2. 26
3. *Time*
4. Celtic Glasgow
5. Mbappé, Cavani, Neymar
6. 2017/18
7. Zwei
8. Pelé
9. Die Nummer 7
10. 19

MBAPPÉ-LEXIKON

WICHTIGE WÖRTER

Französischer Fußballpokal
Turnier, an dem alle französischen Mannschaften aus den verschiedenen Ligen teilnehmen können.

Französischer Ligapokal
Turnier, an dem alle französischen Profimannschaften teilnehmen konnten. Findet zurzeit nicht mehr statt.

Golden Boy
Auszeichnung für den besten Spieler unter 21 in Europa.

Ligue 1
Höchste Fußballliga in Frankreich.

Französischer Fußball-Supercup
Spiel zwischen dem französischen Meister und dem französischen Pokalsieger.

Champions League
Wichtiger Wettbewerb im europäischen Fußball mit den besten Vereinen aus vielen Ländern. Der Sieger gilt als beste Mannschaft Europas.

Qualifikation zur EM/WM
Turnier mit allen Mannschaften Europas oder der Welt. Die besten dürfen bei der EM oder WM mitspielen.